Abigail Stones

MYSTERIUM UNIVERSUM
Gedanken, Theorien und Erkenntnisse

BoD - Books on Demand
Norderstedt 2021

Bibliografische Information durch die Deutsche Nationalbibliothek
Die Deutsche Nationalbibliothek verzeichnet diese Publikation in der
Deutschen Nationalbibliografie; detaillierte bibliografische Daten
sind im Internet über http://dnb.dnb.de abrufbar.

Herstellung und Verlag:
BoD – Books on Demand, Norderstedt
ISBN 9-78375-4-32541-4

Mysterium Universum

Gedanken, Theorien und Erkenntnisse

Abigail Stones

Inhaltsverzeichnis:

Vorwort

„Geheimnis Universum" ist ein Buch voller real empfundener Erlebnisse, Theorien und Fantasie. Alles vermischt sich und lässt ein interessant geschriebenes Buch entstehen. Die aus Texas stammende Autorin Abigail Stones will den Leser in eine andere Welt, eine Welt voller Geheimnisse und Mysterien, mitnehmen. Dennoch bleiben am Ende, logischerweise, noch viele Fragen unbeantwortet. Doch kommen Sie mit und tauchen Sie ein ins Universum, welches nur darauf wartet enträtselt zu werden.

Erlebtes und Gedanken von mir

Ich glaube an eine Allmacht des Universums, die alle Geschehnisse dieser Welt kontrolliert. Nur Auserwählte unter uns werden noch bevor diese Erde untergeht abgeholt. Sie werden gereinigt und mit einer einzigartigen DNA ausgestattet sein. Die Erde wird von vollkommenen Menschen bewohnt werden, die nur Liebe kennen und praktizieren. Es wird keine Kriege mehr geben, keinen Neid, keine Eifersucht, keine Selbstsucht, keine Arroganz, um nur einige schlechte Dinge zu nennen.

Seit vielen Jahren ist ein helles, grelles Licht am nächtlichen Himmel mein ständiger Begleiter. Wenn ich Sorgen und Probleme habe, ist dieses Licht bei Dunkelheit am Himmel zu sehen. Es befindet sich immer in unmittelbarer Nähe über mir. Heute weiß ich, dass es ein riesiges Raumschiff ist, denn es ist plötzlich da und verschwindet blitzartig. Es ist nicht von irgendwelchen Wesen besetzt, sondern von einer anderen Art von Menschen. Sie sind sehr intelligent und in einer technologisch hochgradig entwickelten Welt geboren. Wenn ich mit ihnen reden will, tue ich dies auf telepathischer Ebene. Das, was ich am Anfang nicht vermutet hätte, trat ein. Sie gaben mir Antwort. Nun bewegten sie ihr Raumschiff von rechts nach links, wellenförmig und sie bildeten Schleifen. Es sah so aus, als wenn sie mit diesem Flugobjekt schreiben können. Nur ihre Sprache, ihre Zeichen, kann ich noch nicht entziffern.

Fest steht aber für mich, dass ich Freunde habe, die mir immer zur Seite standen und immer noch für mich da sind. Nur weil ich an sie glaube, kann ich erkennen, welchen Weg ich gehen muss, denn er wird mir von ihnen vorgegeben. Wenn ich sie brauche sind sie plötzlich da und verschwinden immer fast um die gleiche Zeit. Um drei Uhr am Morgen ziehen sie sich langsam zurück. Der helle Punkt wird immer kleiner, bis er ganz verschwunden ist.

Ich betrachte den Menschen als Pilotprojekt, dass in jener Zeit auf der Erde gestartet wurde. Unsere Gehirne, die Natur und die Tiere, sind mit dem gesamten Wissen des Universums und mit dem

Wissen des Lebens ausgestattet. Wir wurden als hochentwickelte Wesen auf die Erde gesetzt. Nur dieses Wissen abzurufen und zu nutzen gelingt nur wenigen, weil sie nicht glauben wollen und Augen und Ohren verschließen. Die Gläubigen aber diskutieren, spekulieren, schreiben ihre Gedanken auf und kommen der Wahrheit Stück für Stück näher. Mein Mann und ich beschäftigen uns schon lange damit. Uns ist bewusst, dass in unseren Gehirnen unvorstellbare Informationen festgeschrieben sind. Wir wissen nun, dass der Mensch ein Versuch war, der kläglich gescheitert ist. Er alleine hat begonnen, diese Erde wissentlich zu zerstören.

Die meisten von uns gehen den falschen Weg, sind von Neid, Eifersucht, Gier und Lieblosigkeit durchtränkt. Das Böse hat diese Erde fest im Griff. Der Tag wird kommen, an dem die Menschen geholt werden, damit Schlimmeres verhindert wird. Es findet eine Reinigung statt. Einige von uns werden wieder ausgesetzt, auf eine völlig intakte Erde, voller Liebe und Verständnis. Die Menschheit, die sich hier entwickelt wird in einem paradiesischen Zustand schweben. Alltagssorgen gehören der Vergangenheit an. Nur noch herzliche Worte wird man hören, die inspirieren und sich wie ein Wasserfall der Liebe über uns ergießen.

Mein Glaube wird durch nichts zu erschüttern sein. Ja, ich glaube an ein neues Leben, ein Leben mit Bewusstsein und Liebe.

Alles hat ein Gedächtnis

Ich spüre, dass das Universum lebendig ist. Wir alle sind ein Teil einer lebenden Struktur. Es gibt eine Unmenge an Informationen auf dieser Welt, die darauf warten erforscht zu werden. Alles ist mit Allem verbunden und miteinander verknüpft. Die Komplexität der Dinge hier und im Universum zeugen davon, dass ein riesiges Gehirn am Werk ist. Mittlerweile gibt es auch den einen oder anderen Beweis dafür. Entdeckungen, alte und neue, die einfach ignoriert oder als Fälschungen abgehandelt werden.

Ich neige dazu zu sagen, dass der gesamte Kosmos ein einheitliches Energiefeld ist. Galaxien, Sterne und Planeten sind gigantische Lebensformen. Ich erkenne immer mehr, dass eigentlich auf jedem Planeten, auf dem es Wasser gibt, auch Leben geben muss. Wir sind bestimmt nicht die Einzigen unserer Art.

Fest steht, dass wir uns alle einen Heimatplaneten wünschen, auf dem es nur Liebe und ein friedvolles Leben gibt. Es steht fest, dass eine Reinigung der Menschheit unabdingbar ist. Ausgesuchte Menschen werden zurückgebracht um den Planeten vor dem endgültigen Untergang zu bewahren.

Theorie oder Wirklichkeit?

Alles Neue kann nur mit einem Wort vollzogen werden. „LIEBE". Ja, ich behaupte, dass das Universum aus einem riesigen Bewusstsein besteht. Oder wusste ich es schon immer? Das Leben auf diesem Planeten hat mehr Bedeutung und Sinn, als wir dachten. Fest steht, wir sind nicht allein. Wir alle haben nicht nur ein Leben und man muss nicht religiös sein, um die Wahrheit begreifen zu können. Machen wir uns alle stark und erforschen gemeinsam diese höhere Realität. Je mehr Wissen wir erlangen, desto schneller nähern wir uns dem Schlüssel, der uns die Türen öffnet zu den Mysterien des Weltalls. Kann man sich überhaupt vorstellen, von einem lebenden, unendlich großen Organismus, der sich Universum nennt, umgeben zu sein? Von unsichtbaren Wellen, die aus unbelebter Materie, neues Leben konstruieren? Ja, je mehr ich darüber nachdenke, desto realer wird diese Vorstellung. Dann könnten doch die unsichtbaren Kräfte den Menschen umprogrammieren, oder? Dann würden wir auf eine neue Ebene der menschlichen Evolution befördert werden. Ich vermute nicht nur, sondern ich will schon fast behaupten, dass es eine verborgene Intelligenz gibt. Sie steuert alle Ereignisse dieser Welt und unsere Lebenswege.

Sämtliche Geschehnisse der Weltgeschichte, lässt man uns absichtlich durchleben. Der Mensch soll Erfahrungen sammeln bis er aufgewacht ist und beschließt, seinen Mitmenschen und der Erde keinen Schmerz mehr zuzufügen.

Für mich ist der Zustand, indem wir uns befinden, ein globaler Alptraum. Doch wir werden daraus befreit, um endlich in Frieden und mit echter Liebe leben zu können.

Angenehmer Nebeneffekt

Sicherlich werden wir aus diesem Albtraum befreit werden. Nur wann, das kann niemand wissen. Wir alle wollen endlich in Frieden leben und ich stelle mir vor, dass ein lebendiges Universum einen angenehmen Nebeneffekt besitzt. Es tritt mit uns in Kontakt sobald es unsere Bereitschaft erkennt, die Geheimnisse des Seins zu erforschen. Eine faszinierende Kontaktaufnahme, die eigentlich nicht zu beschreiben ist. Es ist die Erkenntnis, die langsam in uns eindringt und außerdem Glück und Liebe vermittelt.

Mein Mann und ich haben dieses wunderbare Gefühl schon sehr oft gespürt und zwar immer dann, wenn wir neue Erkenntnisse gewonnen haben. Das lebendige Universum sorgt dafür, dass in uns kein Angstgefühl aufkommt. Es will Liebe, Freude, Glück und Frieden in uns steigern und festigen. Der alleinige Hintergrund ist, dass wir uns besser von unserem Heimatplaneten lösen können, wenn wir abgeholt werden.

Bei der Gelegenheit möchte ich darauf hinweisen, dass dies meine alleinige Deutung aller Dinge ist, aber auch Erkenntnisse, die ich gewonnen habe. Jeder von uns hat eine andere Vorstellung vom Hintergrund des unsichtbaren Geschehens. Darum bitte ich den Leser zu bedenken, dass alles nur Vermutungen sind. Oder vielleicht doch nicht? Denn ich habe vieles erlebt.

Doch es gibt Beweise

Ich las in der letzten Zeit sehr viel darüber und habe so erfahren, dass es tatsächlich Beweise gibt, die meine Theorien bekräftigen. Es kann belegt werden, dass das Universum ein riesiges Bewusstsein besitzt. Ich weiß, dass es die Wahrheit ist. Der galaktische Raum lebt. Alle Eigenschaften eines Bewusstseins sind vorhanden. Ich würde es sogar mit dem Unsrigen vergleichen und es steckt noch viel mehr dahinter, als wir erahnen. Wenn ich intensiv darüber nachdenke, komme ich zu der Ansicht, dass wir nie vom Universum getrennt waren. Ganz im Gegenteil, wir sind elementar in den Kosmos integriert.

Außerdem vertrete ich die Meinung, dass unsere privaten Gedanken nicht alleine uns gehören. Hier kommt die außersinnliche Wahrnehmung ins Spiel. Ich stelle sogar die Theorie auf, dass unsere parapsychologischen Fähigkeiten, die wir alle besitzen, sich erheblich verdoppeln oder sogar vervierfachen würden. Dazu müssten wir den Standort auf der Erde in einer bestimmten Ausrichtung zum Himmel ändern. Könnte es eventuell sein, dass die glühend heiße Oberfläche der Sterne voller Mikroorganismen ist, die ins All geschleudert werden, um dort zu galaktischem Staub zu werden? Dies alles sind Vermutungen und Gedanken von mir und ich würde mich freuen, wenn viele meiner Mitmenschen genauso denken.

Das Universum bleibt geheimnisvoll

Könnten Sterne tatsächlich Mikroben mit eigener DNS erzeugen? Dann hätten sie doch auch eine Art Bewusstsein, oder? Mikroben sind nur ein winzig kleiner Teil von einer hochgradig komplexen Lebensform, welche sich ihres Daseins voll bewusst ist. Oft denke ich darüber nach, ob Sterne und Galaxien wirklich eine eigene Persönlichkeit haben. Doch ich glaube, dass in den kleinsten Organismen eine spontane Veränderung möglich ist und diese den kompletten genetischen Code anzeigen.

Könnten sogar unsere Gedanken und Gefühle vom Universum beeinflusst werden? Ich glaube fest daran und habe auch oft das Gefühl, dass es so ist. Nur zu gerne mischen sich immer wieder Skeptiker ein, die sämtliche Thesen von hochrangigen Wissenschaftlern abwerten. Sie wollen sich erst mit stichhaltigen Beweisen zufrieden geben. Warum muss denn immer alles bewiesen werden? Ohne Beweise läuft heute nichts mehr. Logisches Denken, kombinieren und verknüpfen führen stets zum gewünschten

Ziel. So sehe ich das jedenfalls. Viele Geheimnisse des Universums werden wohl nie bewiesen werden können, dazu werden wir nicht in der Lage sein.

Entweder habe ich Thesen oder Beweise. Beides zu haben geht nicht und ist in meinen Augen paradox. Das Geheimnis, welches wir erforschen wollen, ist viel zu komplex und vielschichtig. Es geht über unser Verständnis vom Universum hinaus und lässt uns nicht näher heran, als unser Verstand es zulässt. Doch je mehr wir an Wissen erlangen, desto leichter wird es für uns werden, den Geheimnissen auf den Grund zu gehen. Viele von uns haben im Laufe ihres Lebens Dinge erlebt und gesehen, die nicht nur real sind. Sie passen nicht in unser Denken und stellen alles in Frage, was wir bisher als normal betrachtet haben.

Immer deutlicher stellt sich heraus, dass das Weltbild, welches man uns vermittelt hat, ins Wanken gerät. Ich glaube, dass wir alle in einer mächtigen, spirituellen Realität leben. Heute wird sie noch keiner verstehen, aber irgendwann.

Die meisten Menschen klammern sich an ihr „ICH". Oder mit anderen Worten gesagt, an ihre hochgeschätzte Identität.

Kann es denn tatsächlich sein, dass wir ein höheres Selbst besitzen, auf einer unbewussten Ebene? Agiert dieses höhere Selbst hinter den Kulissen? Es könnte doch sein, dass es das angeblich, zufällige Leben von jedem Einzelnen steuert?

Transportierende Kräfte

Wenn ich von einem lebenden Universum spreche, denke ich logischer Weise zuerst an das Licht. Wie kommt denn das Licht von einem Punkt zum anderen? Ja, es braucht eine intelligente Beförderungsmethode. Es ist bewiesen, dass wir nur an jemanden zu denken brauchen um einen Tunnel zwischen unserem Körper und dem Leben zu schaffen.

Dies sind energetische Durchgänge, die wir nicht sehen und auch nicht messen können. Doch es müsste sie wirklich geben, um somit die Beobachtungen erklären zu können, die bei vielen Laborexperimenten gemacht wurden. Ein neu erforschtes Modell der energetischen Biologie zeigt, dass zwei verschiedene Kräfte einwirken. Das sind das Licht mit seiner geballten Lebenskraft und eine andere, noch nicht bekannte Kraft. Sie beeinflusst und formt das Licht, schickt es sogar durch unsichtbare Tunnel. Diese unglaubliche Kraft steuert das Licht, indem sie sämtliche Lebensformen über die Tunnel verbindet. Sie tut es mit der Kraft der „LIEBE".

Ich glaube, dass die Liebe eine Kraft besitzt, die unsichtbare Strukturen schafft. Durch diese schiebt sie Licht und leitet es über unterschiedliche Distanzen weiter. Könnten es etwa alleine unsere Gedanken sein, die diese Tunnel entstehen lassen?

Jeder von uns hat schon Erfahrungen in diesem Bereich gemacht. Immer wenn wir an eine bestimmte Person denken, wird im Urfeld zwischen uns und diesem Menschen automatisch ein Tunnel geschaffen. Durch ihn reisen Photonen, in denen sich Informationen aus unseren eigenen Gedanken verfestigen. Ich betrachte es als Grundlage für die telepathische Kommunikation.

Die Welt der Magie

Jeder von uns hat schon einmal Höhen und Tiefen in seinem Leben durchgemacht. Davon kann sich Niemand freisprechen. Viele Zyklen durchläuft unser Leben, welches von Freude und Unglück durchzogen ist. Zum Teil sind es sogar traumatisierende Erlebnisse. Ich denke, dass dieses Leben kein Zufall ist. Alles was wir tun oder denken hat Konsequenzen.

Wir leben weder in einem Vakuum, noch sind unsere Gedanken ein Geheimnis. In der Bedeutung: Handlung, Schicksal und Wirkung sind sowohl Reaktion als auch Handlung enthalten. Nicht zu vergessen, Ursache und Folgen. Im Hinduismus gibt es das Wort: „KARMA". Es bedeutet, dass im gesamten Universum das Gesetz des freien Willens gültig ist. Achten wir also unseren Mitmenschen und dessen freien Willen, haben wir uns für die Liebe entschieden. Ich glaube, dass alles was wir denken und tun unter einer strengen Kontrolle steht. Ob wir Gutes oder Schlechtes tun spielt dabei keine Rolle. Was wir erleben ist nicht dem Zufall überlassen, sondern es sind die Folgen der Entscheidungen, die wir selbst getroffen haben. Fügen wir jemandem Leid zu, werden wir selbst leiden müssen. Es steht in der Bibel und bewahrheitet sich immer wieder.

Wer selbst in schwierigen Lagen mit einem Lächeln auftreten kann, dem wird Sympathie und Liebe entgegengebracht. Immer wieder taucht das Wort „LIEBE" in meinen Ausführungen auf, teilweise sogar unbewusst.

Die Lehren des Universums

Werden wir diese Lehren jemals begreifen?
Wenn doch, werden wir kein Leid mehr zu
spüren bekommen. Wann es geschieht bleibt ein
Geheimnis. Es gibt im gesamten Universum
Lebensformen, die uns womöglich ähnlich sehen
aber technologisch sehr weit entwickelt sind.
Sind wir bereit für das fast Undenkbare? Es wird
Zeit, dass wir umdenken. Wie reagieren wir
darauf, wenn Außerirdische mit uns in Kontakt
treten wollen? Wir sollten ihnen
entgegenkommen und ihnen zeigen, dass auch
wir bereit sind mit ihnen zu kommunizieren.

Womit haben Außerirdische auf sich
aufmerksam gemacht? Ja, es gibt sie, die
Menschen von anderen Planeten, aus fremden
Galaxien, die in allen Kulturen auf der gesamten
Erde ihre deutlichen Spuren hinterlassen haben.
Schnellstens müssen wir begreifen, dass wir
nicht alleine sind in diesem riesigen Universum.
Vielleicht lernen wir es erst richtig kennen, wenn
wir hinübergehen und eine geistige Lebensform,
ohne Körper angenommen haben. Hier vermute

ich, dass nur diejenigen, die glauben und hoffen, eine körperlose Lebensform geschenkt bekommen. Menschen, die von vorne herein behaupten, dass es nur das Hier und Jetzt gibt, werden ausgeschlossen. Sie können niemals erfahren, wieviel Liebe und Glück uns der geistige Zustand nach dem Tode bringt.

Wer aber zu Lebzeiten versucht zu verstehen und sich mit dem Universum vertraut macht, kann sich als auserwählt betrachten. Ihm wird schon auf Erden viel Liebe, Selbstbewusstsein, ein fröhliches Gemüt und alle erdenklich guten Charaktereigenschaften gegeben. Er wird auf all seinen Wegen beschützt. Viel Liebe von seinen Mitmenschen wird ihm entgegengebracht.

Der Aufbruch

Sie liegen auf einem Bett, sind zugedeckt und haben die Augen zu. Die Familie ist anwesend und trauert um sie. Sie sind gestorben, doch Sie schweben über ihrem Körper. Sie sehen viele Menschen, die um den Leichnam herum stehen und beten. Sie haben das Bedürfnis sich mitzuteilen. Sie wollen ihnen unbedingt sagen, dass Sie eigentlich gar nicht tot sind, sondern immer noch leben, nur in einer anderen Form.

Etwas später fühlen Sie einen Sog, der Sie von ihrem menschlichen Körper wegzieht. Das was Sie nun fühlen werden, ist Leichtigkeit und Liebe. Ein Gefühl des Freiseins tritt ein. Plötzlich sehen Sie eine sehr helle Lichtquelle. Einige Menschen umhüllt dieses Licht, wobei andere es sehr weit entfernt sehen. Sie werden dort hingezogen. So lässt sich auch der Tunneleffekt erklären, der uns an seinem Ende mit einem hellen Licht empfängt. Wiederum gibt es Menschen, die nach ihrem körperlichen Ableben nicht in der Nähe ihres Körpers bleiben wollen.

Sie spüren den starken Sog und wollen so schnell wie möglich ins Jenseits kommen.

Wiederum andere entfernen sich von ihrem Körper erst, wenn das Begräbnis stattgefunden hat. Ich las einmal, dass die Zeit im Jenseits viel schneller abläuft als hier. Nun, aber die meisten Menschen haben überhaupt keine Lust an ihrem eigenen Begräbnis teilzunehmen. Ich aber auch nicht. Ich könnte nicht ertragen, wenn mein Mann und meine Kinder um mich weinen und daran verzweifeln.

Das nächste Stadium ist die Geisteswelt, in der wir den dunklen Tunnel sehen. Wir gehen hindurch, bis wir das Licht an seinem Ende erblicken. Mehre Menschen haben mir unterschiedliche Erlebnisse zugetragen. Einige haben den Tunnel direkt über ihrem Körper gesehen. Jedoch in den meisten Fällen betreten wir den Tunnel, nachdem wir die Erde verlassen haben. Verwirrte Seelen gibt es natürlich auch. Sie werden länger bei ihrem Körper bleiben. In manchen, aber sehr seltenen Fällen, wird auch von der Blumenwiese erzählt, wo man alle

Verstorbenen Verwandten trifft, die mit offenen Armen dastehen, um uns zu empfangen. Jedenfalls sind es ganz andere Formen und Energien, die wahrgenommen werden und von den meisten Seelen schwer einzuordnen sind. Ich denke, dass wir beim Eintritt in die körperlose Existenz noch traumatisiert und verwirrt sind. Es wird uns jemand in dieser Phase zur Seite stehen und uns durch das Jenseits führen. Er wird sehr viel Liebe an uns weitergeben, sodass wir uns sicher fühlen und nicht die Orientierung verlieren.

Ich nenne dieses Wesen einen Engel, der uns hilft, unsere Gefühle zu verarbeiten. In diesem Stadium sind viele fasziniert von der Schönheit ringsumher.

Rückkehr

Die nächste Stufe unseres körperlosen Daseins bezeichne ich als Rücker. Dort hinzugehen, wo wir immer zu Hause waren. Könnte es möglich sein, dass wir einen Energiekörper besitzen, der in der Zeit, in der wir auf der Erde sind, im Universum verbleibt? Ich vermute, dass nur ein Teil unserer Essenz in den menschlichen Körper projiziert wird. Der Rest verbleibt im Universum und überwacht unsere Schritte.

Ich will noch einmal daran erinnern, dass meine Ausführungen in diesem Buch auf eigene Erfahrungen, Vermutungen und Annahmen basieren. Jeder von uns hat eine andere Vorstellung von den Dingen, die im Universum geschehen, vom Leben nach dem Tod und vom Sinn des Lebens auf der Erde.

Ich weiß, dass telepathische Verständigung für andere Lebensformen normal ist. Ich kann aus eigener Erfahrung sagen, ja, das stimmt. Die geballte Kraft unserer Seelen, könnte die Kraft sein, welche das Universum zusammenhält und wachsen lässt. Ja, es lebt und besteht aus einem riesigen Gedächtnis. Doch nur reine und intelligente Geistwesen sorgen für den Fortbestand.

Ich glaube, dass heute Wissenschaft und Spiritualität keine, nicht zu vereinbarenden Gegensätze mehr darstellen und dass das Leben hier auf der Erde keinesfalls zufällig abläuft. Mir jedenfalls wird immer klarer, wer ich wirklich bin. Erst wenn der Mensch vollständig erkannt hat, wie das globale Rad funktioniert, kann er erkennen und die vollkommene Erleuchtung erfahren.

Wenn wir wirklich die historischen Zeitabschnitte verstehen wollen, müssen wir uns mit dem Buch des Lebens auseinander setzen. Unser „ICH" weigert sich oft zu glauben was die Seele uns zuflüstert. Sie will uns zwingen nach der Wahrheit und dem Sinn zu suchen. Sehen wir doch einfach mal ins Internet. Je mehr Steine wir in den finsteren Ecken des Netzes umdrehen, desto mehr Gewürm finden wir darunter. Ständig wiederholt es sich. Wir haben eine Welt betreten voller Magie. Eine magische, anziehende Unwirklichkeit. Eigentlich wollen wir doch nur etwas Wahres wissen, aber stattdessen wird es immer seltsamer, undurchdringlich und gefährlich. Nur zu schnell lassen wir uns darauf ein, all die gruseligen Online-Artikel zu lesen, anstatt nach dem Sinn des Ganzen zu fragen. Irgendwann erkennen wir, dass die Welt in der wir leben keinesfalls das Paradies ist. Das alles nur ein riesiges Lügenkonstrukt ist, welches uns immer wieder einfängt, um uns zu belügen und zu hintergehen. Wir werden getäuscht und für dumm verkauft. Die wirkliche Wahrheit liegt irgendwo vergraben. Wo bleibt die Liebe zwischen den Menschen? Es gibt kein Miteinander und Füreinander mehr. Die virtuelle und reale Welt verschmelzen immer mehr ineinander.

Doch sie wird kommen, die vollkommene Harmonie, Freiheit und Liebe. Neue Technologien werden in einer friedlichen, kollektiven Gesellschaft bahnbrechende Erfolge erzielen. Es wird unbegrenzte Energie geben. Es werden Krankheiten geheilt, die in der jetzigen Zeit nicht heilbar sein dürfen. Der Mensch sorgt unbewusst dafür, dass es so weitergeht. Habgier, Lieblosigkeit werden bis zum bitteren Ende die Oberhand behalten. Jedoch ein Leben in der neuen Welt, welche nur von Liebe lebt und auch nur mit Liebe existieren kann, öffnet uns die Augen. Wir werden endlich erkennen, was uns die Außerirdischen hinterlassen haben und einen Nutzen daraus ziehen.

Ich denke da auch an den Antigravitationsflug, an Teleportation, überlichtschnelle Raumfahrt und Wohlstand für alle. Ich glaube, dass intelligente Menschen auserwählt werden. Sie werden lange geschult und schließlich am Tage X wieder auf die Erde zurückkehren. Sie werden nur Liebe in sich haben, keine negativen

Gedanken werden in ihnen wachsen. Es wird die vollkommene Harmonie die Erde beherrschen.

Der Zwiespalt

Haben Sie schon einmal die dunkele Seite Ihrer Seele durchlebt? Sie glauben dann alles verloren zu haben und die Panik überkommt Sie.

Diese Situation bezeichne ich als „Alles- ist- verloren" Moment. In diesen schlimmen Augenblicken habe ich mir immer wieder aufs Neue klarmachen müssen, dass es ja irgendwann für uns weitergeht. Ein anderes, besseres und freies Leben. Ein Leben in vollkommener Harmonie und Liebe. Nach einer Überflutung von Tränen und Sehnsüchten ging es mir meistens wieder besser. Leider ist diese, jetzige Gesellschaft von negativen Aktivitäten, egoistischen Gedanken, irrationalen Ängsten und unverantwortlichen Verhaltensweisen geprägt.

Jeder von uns ist für sein Tun verantwortlich. Lassen Sie sich nicht in Abgrund reißen.

Glauben Sie auch, dass im Buch des Lebens die gesamten Geschehnisse der Weltgeschichte geschrieben stehen? Ich glaube daran. Ganz bestimmt werden wir, in noch nicht absehbarer Zukunft, als Kollektiv vor dem Vorhang stehen. Das Leben, welches wir heute wahrnehmen, wird sich am Tage der absoluten Erkenntnis, als kunstvolle Illusion erweisen.

Es gibt immer wieder Vorboten, die darauf hindeuten, dieser Alptraum irgendwann ein Ende hat. Wir durchleben ihn jeden Tag aufs Neue, leider. Ich glaube an ein Leben nach dem Tod. Nicht mit dem Körper, den wir zu Lebzeiten nutzen mussten. Diese neue Form des Weiterlebens findet nur auf geistiger Ebene statt. Das Elixier der Unsterblichkeit ist viel bedeutender, als wir denken. Es wird unglaubliche Auswirkungen auf unseren Planeten haben. Außerdem umfasst es die sichere Erkenntnis, dass wir nicht alleine im Universum sind, es niemals waren. Ja, es ist das Tor zu unseren Seelenverwandten, die wir alle gern wiedersehen wollen. Mit ihnen zusammen werden wir am Tag der Wahrheit vor den Vorhang treten müssen. Es könnte sogar sein, dass zwischen der Abgabe meines Manuskriptes und der Herausgabe dieses Buches, bedeutende Entwicklungen stattgefunden haben.

Das Verfinstern unserer Seele ist auch die immer wiederkehrende Angst vor Erdbeben, Hurrikans, Tsunamis, Vulkanausbrüche und die Auswirkungen des Klimawandels. Ich glaube, ganz unabhängig von unserer Rasse, stellen Naturkatastrophen einen wichtigen Teil eines riesigen Projektes dar. Werden wir doch endlich wach und solidarisch in solchen Situationen.

Zeit und Raum oder die Unendlichkeit aller Dinge?

Wir denken, dass unsere Lebenszeit nur in einer Zeitspanne gelebt wird. Das ist so nicht richtig, denn sie gibt kontinuierlich ihre Impulse weiter. Folgt man ihr in die Vergangenheit, wird man keinen Anfang finden. Wenn man aber versucht ihr in die Zukunft zu folgen, löst eine Generation die andere ab.

Der Raum ist grenzenlos und unendlich, darum wird die Zeit niemals ein Ende finden. Im Mittelpunkt des Universums regiert eine Allmacht, die alles lenkt, korrigiert und kontrolliert. Ich glaube, dass wir das Universum als Mikro und Makrokosmos verstehen können. Ich vermute, dass er aus einem Kreis besteht, der ein Quadrat beinhaltet. Der Kreis und das Quadrat haben ein gemeinsames Zentrum. Ich befasse mich schon recht lange mit den einzelnen Themen dieses Buches. Ich will zwischendurch immer wieder daran erinnern, dass alle Inhalte nur Theorien und Spekulationen sind. Sicher gibt es auch Beweise zum einen oder anderen Text.

Bei allen Theorien und Vermutungen, und je länger ich mich mit dem Thema befasse, desto klarer werden meine Erkenntnisse, und das Unfassbare rückt Stück für Stück näher. Ich glaube an die spirituelle Struktur und einen galaktischen Geist, der in unserem Universum fest verankert ist. Ich bin neugierig und möchte die historischen Phasen genauer untersuchen. Was wir alle eines Tages darüber erfahren werden, wird unser bisheriges Wissen über die Menschheitsgeschichte ganz extrem auf den Kopf stellen. Alles wird in einem ganz neuen Licht erstrahlen. Schnell wird mir klar, in welcher riesigen Illusion wir uns befinden. Mein Verstand sagt mir, dass das Universum um uns herum alles genauestens berechnet hat. Viele Abläufe der Weitgeschichte und der abscheulichen Taten, die damit verbunden sind, können einfach kein Zufall sein. Sie wiederholen sich immer wieder fast zeitgleich. Meiner Meinung nach handelt es sich um die Manifestation einer intelligenten Form, die die Abläufe der Zeit steuert.

Alte Erzählungen werden immer wieder aufs Neue beschrieben, bis wir endlich begriffen haben, worum es eigentlich geht. Wir sollten lernen, in Frieden und Miteinander zu leben. Sonst werden wir nie die Liebe in uns erkennen können. Erst recht können wir sie nicht weiter geben. Lernen wir den Anderen nicht als Feind zu betrachten, sonst haben wir verloren und es wird immer wieder zu Kriegen und Todesopfern kommen.

Regenbogenkörper

Als ich vor ein paar Wochen wieder Mal in Tibet war, ich recherchierte dort für ein neues Buchprojekt, erfuhr ich etwas Unglaubliches. Der Mönch, den ich kennenlernte, heißt Chiwang. Wir freundeten uns an. Bei einer Schale gut aufgebrühtem Tee, erzählte er mir, dass alleine hier im Land tausende von Menschen einen Zustand erreicht hätten, den man auch „Regenkörper" nennt. Es ist ein Phänomen, welches mit einfachen Worten nicht erklärbar sei, und doch konnten viele Augenzeugen dies bestätigen.

Es wurde bis ins kleinste Detail untersucht. Shiwang erzählte mit ruhiger Stimme, dass in einigen der geschilderten Fälle, ein Mensch aus Fleisch und Blut in einen Lichtkörper überging. Dieser Lichtkörper ermöglichte es ihm, zwischen der physischen Welt und dem Jenseits, sich frei zu bewegen.

Chiwang erzählte mir auch, dass die Verwandlung bei einigen Menschen ganz plötzlich von statten ging. In anderen Fällen wurden die verstorbenen Körper der Betroffenen in ein Tuch eingeschlagen. Man beobachtete, dass sich ihr Körper in einem Abstand von 7 Tagen stufenweise veränderte. Dann aber erstrahlt er in einem sehr hellen Regenbogenlicht. Die Menschen, denen dies wiederfuhr, waren zu Lebzeiten etwas Besonderes. Alle waren sie den spirituellen Lehren gefolgt. Diese einzigartigen Menschen hatten meditiert, sie wollten lieben und vergeben. Sie wollten das Universum wie ihr eigenes, höheres Wesen, als den grenzenlosen Schöpfer ahrnehmen.

Sie waren an einem Punkt angelangt, wo sie das Gelehrte begriffen hatten. Nur aus dem Grund bekamen sie die Kraft, die sie brauchten, um in den aufgestiegenen Zustand überzugehen.

Denken Sie auch manchmal, dass das Universum ein funktionierendes System sein könnte? Welches unglaublich komplex ist und auf die Minute genau funktioniert? Ich meine, dass nichts in unserem Universum dem Zufall überlassen ist. Nehmen wir zum Beispiel den Maja-Kalender, der alle Zeitabschnitte und die Umlaufzeiten der Planeten aufzeigt. Sie spielten für diese Kultur aber auch für andere Kulturen eine zentrale Rolle. Auch hier passt alles, wie die Zahnräder einer Uhr zusammen. Ein bekannter Wissenschaftler hatte 1981 die Zusammenhänge entdeckt, aber erst viel später publik gemacht.

Auch ich werde immer wieder die gleiche Ansicht vertreten, dass nichts im Sonnensystem dem Zufall überlassen ist. Wir sind erst ganz am Anfang und beginnen ganz langsam zu verstehen.

Könnte es möglich sein, dass unsere Sonne einen unsichtbaren Planeten umkreist? Wenn es wirklich so ist und dieser unsichtbare Kandidat ist nicht sichtbar, nur weil er nicht hell genug ist. Was geschieht denn dann mit unserer Sonne auf der Bahn durch den Weltraum? Ich glaube, dass viele Wissenschaftler wohlwissentlich belegbare Erkenntnisse einfach ignorieren oder unter Verschluss halten. Viele, unendlich viele Fragen haben die Menschen zu diesem Thema. Nur einige davon können beantwortet werden. Es wird immer spekuliert werden, solange wir leben. Doch stellen wir keine Fragen, werden wir nie erfahren was die Allmacht des Universums ausmacht. Wir werden nie wissen, wer wir sind und woher wir kommen.

Warum stoßen wir überall in der Natur immer auf die gleichen Körper und Formen? Ich glaube, dass die Quantenmechanik hier eine Rolle spielt. Man entdeckte, dass die dunkle Energie fluidartige Eigenschaften besitzt. Weil auch sie ein Gedächtnis hat? Oder sollten wir besser universalen Geist sagen, der aus Atomen und Molekülen besteht? Man entdeckte 1987 geometrische Strukturen im Atomkern. Es gelang damals den Wissenschaftlern mehrere Rätsel der Quantenphysik auf einmal zu lösen. Ja, das Universum besteht aus lebender, bewusster Energie, denn sonst kann man das komplexe und präzise Zusammenspiel des Universums, der Planeten, der Natur und die Funktionalität des Menschen nicht erklären.

Nachwort

Ich bin immer bemüht, in meinen Büchern, mein Bestes für die Leserinnen und Leser zu geben. Stets möchte ich versuchen, mit Ihnen den Weg durch das Dunkel der Unendlichkeit zu erhellen. Mir ist schon klar, dass meine Theorien kontrovers sind und auch von dem einen oder anderen Leser angegriffen werden. Doch Nichts und Niemand mögen perfekt sein, und Kritik wird es immer geben. In diesem Buch habe ich versucht, die immer wiederkehrenden Fragen zu analysieren. Woher kommen wir? Wer sind wir? Wozu leben wir? Wo wird uns der Weg hinführen?

Abigail Stones

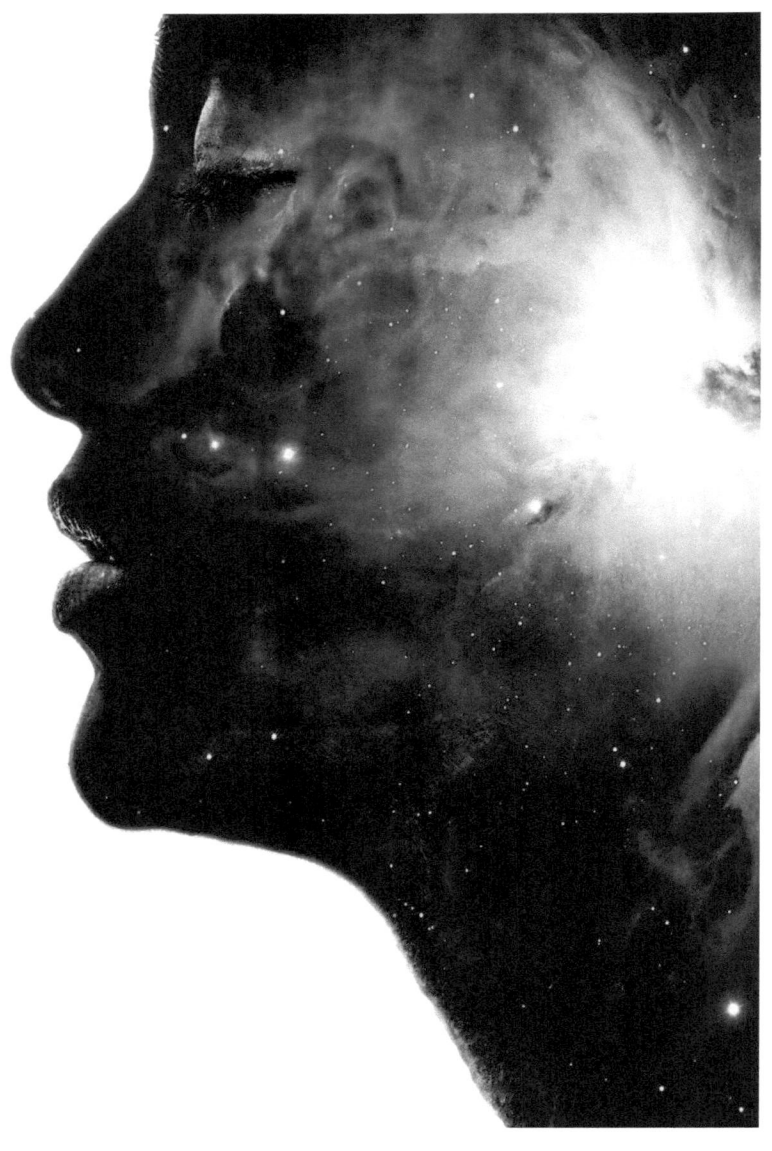